COMMENT ANNULER LES
12 MALÉDICTIONS MAJEURES DE LA VIE

Libérez-vous des malédictions et embrassez la vie de bonheur que Dieu a spécialement préparée pour vous.

JOSÉ BRO

COMMENT ANNULER LES
12 MALÉDICTIONS
MAJEURES DE LA VIE

Par José Bro

COMMENT ANNULER LES
12 MALÉDICTIONS
MAJEURES DE LA VIE

Copyright © 2024 par José Bro. Tous droits réservés. ISBN : 9798305841374

L'autorisation de reproduire ou de transmettre sous quelque forme ou par quelque moyen que ce soit, électronique ou mécanique, y compris la photocopie et l'enregistrement, ou par tout système de stockage et d'extraction d'informations, doit être obtenue par écrit auprès de l'auteur, José Bro.

Pour commander des exemplaires supplémentaires de ce titre, contactez *amazon.com*

L'auteur peut être contacté à l'adresse suivante : Whatsapp : +1 (514) -638-9112
(message texte ou vocal)
Courriel : josebroauteur@gmail.com

POURQUOI J'AI ÉCRIT CE LIVRE

L'une des raisons principales pour lesquelles j'ai écrit ce livre est de permettre aux croyants de reconnaître et de comprendre les malédictions qui peuvent affecter leur vie. Trop souvent, nous passons à côté des signes évidents de malédictions qui pèsent sur nous et sur nos familles, croyant à tort que nous devons simplement accepter notre sort. En fournissant des enseignements bibliques clairs et des exemples concrets, j'espère éclairer les lecteurs sur la façon dont ces malédictions se manifestent et comment elles peuvent être surmontées.

Ce livre vise également à rappeler l'importance d'appliquer l'œuvre accomplie par Jésus sur la croix à notre vie quotidienne. Jésus a pris sur Lui toutes les malédictions et nous a rachetés pour que nous puissions vivre en liberté et en abondance. Cependant, il ne suffit pas de savoir cela intellectuellement ; nous devons activement revendiquer cette liberté et ces bénédictions à travers la foi, la repentance, les décrets spirituels et des pratiques spirituelles intentionnelles. Mon but est de montrer comment chaque croyant peut mettre en pratique ces principes pour vivre la vie que Dieu a prévue pour eux.

Nous vivons dans un monde où les forces spirituelles négatives sont réelles et actives. Ce livre a été écrit pour équiper les croyants avec les outils nécessaires pour engager et remporter le combat spirituel contre ces forces. En comprenant les caractéristiques des malédictions et en apprenant à utiliser les armes spirituelles telles que la prière, les décrets bibliques et les activités spirituelles, les lecteurs peuvent se défendre et libérer leurs vies des influences malveillantes.

Un autre objectif crucial de ce livre est de restaurer les familles et les relations. Les malédictions, notamment les malédictions nuptiales et les malédictions de la peur, peuvent causer des ravages au sein des foyers, créant des divisions, des tensions et des ruptures. En abordant ces problématiques et en proposant des solutions spirituelles, je souhaite aider les familles à se réconcilier, à surmonter les obstacles et à vivre dans l'harmonie et l'amour.

Enfin, ce livre a pour but de promouvoir une vie de foi et de confiance en Dieu. En reconnaissant la puissance de Dieu et en s'appropriant Ses promesses, les croyants peuvent surmonter les obstacles, renverser les malédictions et marcher dans la bénédiction divine. Mon espoir est que ce livre inspire et fortifie la foi des lecteurs, les encourageant à se rapprocher de Dieu et à vivre selon Sa volonté.

En écrivant ce livre, mon désir le plus profond est de voir les croyants libérés des chaînes des malédictions, vivant pleinement la vie abondante que Jésus leur a offerte. Que ce livre soit un guide, une source d'inspiration et un outil puissant dans votre cheminement spirituel. Puissiez-vous découvrir la liberté, la paix et la prospérité en Christ, et voir les promesses de Dieu s'accomplir dans chaque aspect de votre vie.

Que Dieu vous bénisse et vous guide alors que vous parcourez ces pages et mettez en pratique les enseignements qui y sont partagés.

Grâce et Paix !
José Bro

**Et il n'y aura plus de malédiction, mais le trône de Dieu et de l'Agneau y sera, et ses serviteurs le serviront.
(Apocalypse 22:3)**

AVANT-PROPOS ET INSTRUCTIONS DE LECTURE

Et il n'y aura plus de malédiction, mais le trône de Dieu et de l'Agneau y sera, et ses serviteurs le serviront. (Apocalypse 22:3)

L'Apocalypse nous offre une vision majestueuse et réconfortante de l'avenir : un temps où toutes les malédictions seront levées, où le trône de Dieu et de l'Agneau régnera en majesté, et où Ses serviteurs Le serviront dans une harmonie parfaite. Cette promesse nous donne un aperçu du règne millénaire de Jésus, un moment glorieux où la création sera enfin libérée de toutes les malédictions et rétablie dans sa pleine gloire.

Cependant, nous vivons aujourd'hui dans une réalité où les malédictions existent encore. Jusqu'à l'avènement de ce règne millénaire, nous sommes appelés à prendre l'œuvre légale et achevée de Jésus sur la croix et à l'appliquer personnellement dans nos vies. Cela nécessite un engagement de foi, une repentance sincère, des décrets déclarés avec autorité et des activités spirituelles intentionnelles. En agissant ainsi, nous devenons libres des malédictions et de leurs effets destructeurs. Nous sommes alors en mesure de posséder la vie abondante que Jésus nous a promise, voyant le succès et la prospérité se manifester dans toutes les dimensions de notre existence.

Reconnaître et Affronter les Malédictions
Pour faire face aux malédictions qui pèsent sur nos vies, il est essentiel de commencer par les reconnaître. Ces malédictions ne sont pas toujours évidentes à identifier, car elles peuvent se manifester de différentes manières. Le Deutéronome, au chapitre 28, nous offre un éclairage précieux sur les caractéristiques des malédictions à l'œuvre. En étudiant attentivement ce passage, nous découvrons douze traits distincts qui nous aident à déterminer si une malédiction agit contre nous.

Ces traits incluent, entre autres, des états d'esprit négatifs, des obstacles persistants à la réussite, des visions troubles de l'avenir et des schémas destructeurs dans les relations familiales et conjugales. En prenant conscience de ces signes, nous pouvons entreprendre les démarches nécessaires pour briser ces malédictions et restaurer la bénédiction divine dans nos vies.

L'Importance de la Foi et de la Repentance

La foi joue un rôle central dans notre combat contre les malédictions. Il ne s'agit pas simplement de croire intellectuellement en la puissance de Jésus, mais de s'approprier cette puissance de manière active et pratique. Cela implique de faire des décrets basés sur la Parole de Dieu, de déclarer avec autorité que nous sommes libérés des malédictions et que nous marchons dans la bénédiction divine.

La repentance, quant à elle, est un acte de soumission et d'humilité devant Dieu. Elle consiste à reconnaître nos péchés, à demander pardon et à nous détourner de nos mauvaises voies. La repentance ouvre la porte à la guérison et à la restauration, permettant à la grâce de Dieu de couler librement dans nos vies.

L'Application des Décrets Spirituels

Les décrets spirituels sont des déclarations puissantes basées sur la Parole de Dieu. En prononçant ces décrets avec foi, nous affirmons notre position en Christ et nous rejetons l'influence des malédictions. Ces décrets doivent être spécifiques et ciblés, adressant les domaines de nos vies où les malédictions se manifestent.

Par exemple, si nous identifions une malédiction de peur et de négativité dans notre lignée familiale, nous pouvons déclarer : "Au nom de Jésus, je brise toute malédiction de peur et de négativité sur ma famille. Nous sommes libérés de cette influence destructrice et nous marchons dans la paix et la confiance en Dieu." En répétant ces décrets avec persévérance, nous voyons les chaînes des malédictions se briser et la liberté spirituelle se manifester.

Les Activités Spirituelles
En plus des décrets et de la repentance, il est crucial de s'engager dans des activités spirituelles qui nourrissent notre foi et renforcent notre connexion avec Dieu. Cela inclut la prière, la lecture et la méditation de la Bible, le jeûne et la participation à la communauté chrétienne. Ces disciplines spirituelles nous aident à rester alignés avec la

volonté de Dieu et à recevoir sa direction et sa protection.

En conclusion, bien que nous vivions dans un monde où les malédictions sont encore présentes, nous avons l'assurance que nous pouvons les surmonter par la puissance de Jésus-Christ. En reconnaissant leur existence, en exerçant notre foi, en nous repentant sincèrement et en déclarant des décrets spirituels, nous pouvons vivre la vie abondante que Dieu a prévue pour nous. Puissent ces pages vous inspirer et vous équiper pour marcher dans la liberté et la bénédiction divine, en attendant le jour glorieux où toutes les malédictions seront définitivement levées.

Que Dieu vous bénisse et vous guide dans ce cheminement spirituel.

Grâce et Paix !
José Bro

COMMENT ANNULER LA MALÉDICTION DE LA PEUR

« votre avenir sera très incertain, vous connaîtrez nuit et jour la peur, vous n'aurez aucune assurance pour votre vie. »
Deutéronome 28:66

CHAPITRE 1

CHAPITRE 1 :
LA MALÉDICTION DE LA PEUR (MENTALE)

« votre avenir sera très incertain, vous connaîtrez nuit et jour la peur, vous n'aurez aucune assurance pour votre vie. »
Deutéronome 28:66

La malédiction de la peur est un état d'esprit négatif induit par des influences spirituelles qui peuvent affecter une personne ou même une lignée familiale entière. Cette malédiction se manifeste par la négativité, la susceptibilité, le pessimisme, le défaitisme, les plaintes et les murmures constants. Le Deutéronome 28:66 décrit une vision pessimiste de l'avenir résultant d'une malédiction : "votre avenir sera très incertain, vous connaîtrez nuit et jour la peur, vous n'aurez aucune assurance pour votre vie."

LES SYMPTÔMES DE LA MALÉDICTION DE LA PEUR

Négativité Constante

Les individus touchés par cette malédiction voient toujours le verre à moitié vide. Ils ont une tendance marquée à anticiper des résultats négatifs dans toutes les situations, même les plus banales. Ce pessimisme constant peut devenir un cycle auto-réalisateur où la crainte du pire entraîne le pire.

Susceptibilité et Inquiétude Excessive

Ces personnes sont extrêmement sensibles aux critiques et aux commentaires négatifs. Elles prennent tout personnellement et sont souvent sur la défensive. Cette susceptibilité se traduit par une inquiétude excessive concernant l'avenir et un sentiment constant d'insécurité.

Pessimisme et Défaitisme

Le pessimisme devient une seconde nature, empêchant ces individus de voir ou de saisir les opportunités qui se présentent à eux. Ils se sentent souvent impuissants face aux défis, ce qui conduit à un sentiment de défaitisme et à l'abandon prématuré des projets et des rêves.

Plaintes et Murmures

Les personnes sous cette malédiction ont une tendance marquée à se plaindre constamment. Les murmures et les plaintes deviennent des habitudes quotidiennes, renforçant leur vision négative de la vie et des autres.

IMPACT SUR LA FAMILLE ET LA LIGNÉE

L'un des aspects les plus destructeurs de la malédiction de la peur est son impact sur la lignée familiale. Ce cycle de négativité peut se transmettre de génération en génération, affectant toute la famille.

Héritage de la Négativité

Les enfants grandissant dans un environnement dominé par la peur et la négativité adoptent souvent ces mêmes attitudes. Ils apprennent à anticiper le mal et à se méfier de l'avenir, ce qui perpétue la malédiction.

Relations Familiales Tendues
La négativité et le pessimisme peuvent créer des tensions constantes entre les membres de la famille. Les disputes et les conflits deviennent fréquents, et les relations familiales se détériorent.

Blocage du Potentiel
La malédiction de la peur peut empêcher les membres de la famille de réaliser leur plein potentiel. Le pessimisme et le défaitisme étouffent les rêves et les ambitions, limitant ainsi la croissance personnelle et professionnelle.

BRISER LA MALÉDICTION DE LA PEUR

Pour renverser cette situation, il faut s'occuper de la malédiction qui permet à cet état d'esprit de persister dans la famille. Voici quelques étapes pour briser la malédiction de la peur :

RECONNAISSANCE ET REPENTANCE

Reconnaître l'existence de la malédiction et se repentir des péchés et des attitudes négatives qui ont permis son installation. La repentance sincère est la première étape pour briser la malédiction.

Prière : Seigneur, je reconnais l'existence de la malédiction de la peur dans ma vie et dans ma famille. Je me repens de toutes les pensées négatives, des paroles de murmure et des attitudes de pessimisme. Purifie-nous par Ton sang précieux et libère-nous de cette malédiction. Amen.

1 Jean 1:9 : "Si nous confessons nos péchés, il est fidèle et juste pour nous les pardonner, et pour nous purifier de toute iniquité."

DÉCLARATION DE FOI ET DE CONFIANCE EN DIEU

Proclamer des paroles de foi et de confiance en Dieu pour remplacer les pensées négatives. Utiliser des versets bibliques pour affirmer la souveraineté de Dieu et Son pouvoir de guérison et de restauration.

Décret : Au nom de Jésus, je déclare que je suis libéré de la malédiction de la peur. Je choisis de faire confiance à Dieu et de croire en Ses promesses. Je suis plus que vainqueur par Celui qui m'a aimé. Amen.

Romains 8:37 : *"Mais dans toutes ces choses nous sommes plus que vainqueurs par celui qui nous a aimés."*

RENOUVELLEMENT DE L'ESPRIT ET DE LA PENSÉE

S'engager à renouveler son esprit et ses pensées par la méditation quotidienne de la Parole de Dieu. Remplacer les pensées négatives par des pensées positives et édifiantes basées sur les Écritures.

Prière : Seigneur, renouvelle mon esprit et ma pensée par Ta Parole. Aide-moi à méditer sur Tes promesses et à remplacer les pensées négatives par des pensées de foi et d'espérance. Amen.

Romains 12:2 : *"Ne vous conformez pas au siècle présent, mais soyez transformés par le renouvellement de l'intelligence, afin que vous discerniez quelle est la volonté de Dieu, ce qui est bon, agréable et parfait."*

BÉNÉDICTION DES GÉNÉRATIONS FUTURES

Prier pour les générations futures et déclarer des bénédictions sur elles. Rompre les cycles de malédiction et proclamer la paix, la joie et la prospérité pour les générations à venir.

Prière : Seigneur, je bénis les générations futures de ma famille. Je déclare que la malédiction de la peur est brisée et que la paix, la joie et la prospérité règnent sur nos vies. Que chaque membre de ma famille expérimente Ta bonté et Ta grâce. Amen.

Psaume 112:2-3 : *"Sa postérité sera puissante sur la terre, la génération des hommes droits sera bénie. Il y a dans sa maison bien-être et richesse, et sa justice subsiste à jamais."*

COMMENT ANNULER LA MALÉDICTION ENVIRONNEMENTALE

« Maudits serez-vous dans vos allées et venues, au départ comme à l'arrivée. »
Deutéronome 28:19

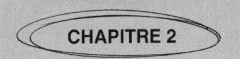

CHAPITRE 2

CHAPITRE 2 :
LA MALÉDICTION ENVIRONNEMENTALE

« Maudits serez-vous dans vos allées et venues, au départ comme à l'arrivée. »
Deutéronome 28:19

La malédiction environnementale est une manifestation de forces spirituelles négatives qui semblent suivre une personne partout où elle va. Quoi qu'elle fasse, où qu'elle aille, il semble qu'elle ne puisse échapper aux mauvaises choses qui la poursuivent. Le Deutéronome 28:19 l'exprime clairement : "Maudits serez-vous dans vos allées et venues, au départ comme à l'arrivée." Cette malédiction se caractérise par une succession d'échecs et de déceptions, peu importe les efforts et les actions entrepris.

LES SYMPTÔMES DE LA MALÉDICTION ENVIRONNEMENTALE

Échecs Persistants

Une personne sous l'influence de cette malédiction semble échouer dans toutes ses entreprises, qu'elles soient personnelles ou professionnelles. Peu importe à quel point les choses semblent prometteuses au départ, elles finissent toujours par s'effondrer. Cet échec constant peut miner la confiance en soi et l'estime de soi.

Obstacles Inexplicables

Des obstacles imprévus et apparemment inexplicables surgissent constamment, empêchant la réalisation des projets. Ces obstacles peuvent être de nature financière, relationnelle, ou même physique. Ils sont souvent difficiles à surmonter et semblent surgir de nulle part.

Sentiment de Poursuite

La personne a l'impression d'être poursuivie par une force invisible qui sabote ses efforts et ses espoirs pour l'avenir. Ce sentiment persistant de poursuite peut engendrer une anxiété constante et une peur de l'avenir.

Manque de Progression

Malgré les efforts et les tentatives de progression, la personne se retrouve toujours au même point, incapable de progresser. Les mêmes schémas d'échec et de déception se répètent, créant une sensation de stagnation.

L'HISTOIRE DE SOPHIE ET DE MARC

Sophie est une jeune femme talentueuse et ambitieuse, mais chaque fois qu'elle commence un nouveau projet, quelque chose semble aller de travers. Qu'il s'agisse de problèmes financiers imprévus ou de relations professionnelles qui tournent mal, ses efforts sont constamment sabotés. Malgré ses compétences et son travail acharné, elle se retrouve toujours au point de départ.

Marc est un homme d'affaires qui a lancé plusieurs entreprises prometteuses. Chaque fois, des circonstances imprévues comme des partenaires peu fiables, des crises économiques ou des problèmes juridiques font échouer ses projets. Il ressent une frustration immense, car ses efforts pour réussir semblent toujours contrecarrés par des forces au-delà de son contrôle.

L'ORIGINE SPIRITUELLE DE LA MALÉDICTION

La malédiction environnementale peut avoir des racines spirituelles profondes. Elle peut être le résultat de péchés commis par les ancêtres, de pactes ou d'alliances spirituelles négatives, ou encore d'actes de désobéissance à Dieu. Les forces spirituelles négatives s'attachent alors à la lignée familiale, causant des schémas répétitifs de sabotage et d'échec.

Péchés Non Repentis

Les péchés commis par les ancêtres, tels que l'injustice, la malhonnêteté ou l'idolâtrie, peuvent ouvrir des portes aux malédictions environnementales. Sans repentance et réconciliation, ces péchés continuent d'affecter les générations suivantes.

Pactes et Alliances Négatives
Des engagements spirituels pris en dehors de la volonté de Dieu, tels que des alliances avec des forces occultes, peuvent inviter des malédictions. Ces pactes doivent être identifiés et rompus pour libérer la lignée familiale de leurs effets.

Influences Spirituelles Négatives
Les influences spirituelles négatives, telles que les esprits de sabotage et de confusion, peuvent attaquer les individus et les familles, créant des cycles d'échec et de déception. Ces forces doivent être identifiées et combattues par la prière et les décrets spirituels.

BRISER LA MALÉDICTION ENVIRONNEMENTALE

Pour renverser cette situation, il est essentiel de s'occuper de la malédiction qui permet à cet état d'esprit de persister. Voici quelques étapes pour briser la malédiction environnementale :

RECONNAISSANCE ET REPENTANCE

Reconnaître l'existence de la malédiction et se repentir des péchés et des alliances spirituelles négatives qui ont permis son installation. La repentance sincère est la première étape pour briser la malédiction.

Prière : Seigneur, je reconnais l'existence de la malédiction environnementale dans ma vie et dans ma famille. Je me repens des péchés de mes ancêtres et de mes propres péchés. Purifie-nous par Ton sang précieux et libère-nous de cette malédiction. Amen.

1 Jean 1:9 : *"Si nous confessons nos péchés, il est fidèle et juste pour nous les pardonner, et pour nous purifier de toute iniquité."*

DÉCLARATION DE FOI ET DE CONFIANCE EN DIEU

Proclamer des paroles de foi et de confiance en Dieu pour remplacer les pensées négatives et les schémas d'échec. Utiliser des versets bibliques pour affirmer la souveraineté de Dieu et Son pouvoir de guérison et de restauration.

Décret : Au nom de Jésus, je déclare que je suis libéré de la malédiction environnementale. Je choisis de faire confiance à Dieu et de croire en Ses promesses. Je suis plus que vainqueur par Celui qui m'a aimé. Amen.

Romains 8:37: *"Mais dans toutes ces choses nous sommes plus que vainqueurs par celui qui nous a aimés."*

RENOUVELLEMENT DE L'ESPRIT ET DE LA PENSÉE

S'engager à renouveler son esprit et ses pensées par la méditation quotidienne de la Parole de Dieu. Remplacer les pensées négatives par des pensées positives et édifiantes basées sur les Écritures.

Prière : Seigneur, renouvelle mon esprit et ma pensée par Ta Parole. Aide-moi à méditer sur Tes promesses et à remplacer les pensées négatives par des pensées de foi et d'espérance. Amen.

Romains 12:2: *"Ne vous conformez pas au siècle présent, mais soyez transformés par le renouvellement de l'intelligence, afin que vous discerniez quelle est la volonté de Dieu, ce qui est bon, agréable et parfait."*

BÉNÉDICTION DES EFFORTS ET DES ENTREPRISES

Prier pour la bénédiction de Dieu sur tous les efforts et les entreprises, demandant sa protection et sa faveur pour chaque projet entrepris. Déclarer la prospérité et le succès au nom de Jésus.

Prière : Seigneur, je prie pour Ta bénédiction sur tous mes efforts et mes entreprises. Protège chaque projet et accorde-moi Ta faveur. Je déclare la prospérité et le succès dans tout ce que j'entreprends au nom de Jésus. Amen.

Psaume 90:17: *"Que la grâce de l'Éternel, notre Dieu, soit sur nous! Affermis l'œuvre de nos mains; Oui, affermis l'œuvre de nos mains."*

COMMENT ANNULER LA MALÉDICTION DE LA VISION

« Il vous frappera de folie, d'aveuglement et d'égarement d'esprit, au point que vous tâtonnerez en plein jour comme des aveugles dans l'obscurité. Aucune de vos entreprises ne réussira; tous les jours vous serez exploités et dépouillés sans personne pour vous délivrer. »
Deutéronome 28:28-29

CHAPITRE 3

CHAPITRE 3 :
LA MALÉDICTION DE LA VISION

« Il vous frappera de folie, d'aveuglement et d'égarement d'esprit, au point que vous tâtonnerez en plein jour comme des aveugles dans l'obscurité. Aucune de vos entreprises ne réussira; tous les jours vous serez exploités et dépouillés sans personne pour vous délivrer. »
Deutéronome 28:28-29

La malédiction de la vision est une condition spirituelle dans laquelle une personne est incapable de voir ou de comprendre le but de sa vie. Cette malédiction se manifeste par une absence de vision, une incapacité à discerner la destinée, et une vie vécue dans le désordre et l'errance. Le Deutéronome 28:28-29 décrit cette condition de manière frappante : " Il vous frappera de folie, d'aveuglement et d'égarement d'esprit, au point que vous tâtonnerez en plein jour comme des aveugles dans l'obscurité. Aucune de vos entreprises ne réussira; tous les jours vous serez exploités et dépouillés sans personne pour vous délivrer."

LES SYMPTÔMES DE LA MALÉDICTION DE LA VISION

Absence de Vision
Les individus touchés par cette malédiction n'ont pas de direction claire pour leur vie. Ils avancent sans but précis, comme des aveugles tâtonnant dans l'obscurité. Cette absence de vision les empêche de faire des choix éclairés et de suivre un chemin déterminé.

Désordre et Confusion
La vie de ces personnes est souvent marquée par le désordre et la confusion. Elles ne parviennent pas à organiser leur temps, leurs ressources ou leurs priorités. Cela conduit à des situations chaotiques et à un sentiment constant d'être submergé.

Manque de Prospérité

L'incapacité à prospérer dans leurs voies est un autre signe de cette malédiction. Les projets échouent, les opportunités sont manquées, et les efforts semblent vains. L'absence de vision rend difficile la réalisation de succès tangibles.

Oppression et Expropriation

Les personnes sous cette malédiction se sentent souvent opprimées et pillées. Elles ont l'impression que leurs efforts sont constamment sapés par des forces extérieures. Cette oppression peut également être émotionnelle et spirituelle, créant un sentiment de désespoir.

L'HISTOIRE DE JEAN ET DE MARIE

Jean est un homme de 35 ans qui, malgré ses compétences et ses talents, se sent perdu dans la vie. Il a essayé plusieurs carrières sans jamais trouver sa véritable vocation. Chaque fois qu'il pense avoir trouvé son chemin, quelque chose se passe pour le détourner.

Son manque de vision le laisse constamment dans un état de désordre et de frustration.

Marie est une femme d'affaires qui a lancé plusieurs entreprises. Cependant, elle n'a jamais eu de plan clair ou de vision à long terme. Ses entreprises échouent régulièrement, et elle se retrouve toujours à la case départ. Elle se sent oppressée par ses échecs et incapable de prospérer.

L'ORIGINE SPIRITUELLE DE LA MALÉDICTION

La malédiction de la vision peut avoir des origines spirituelles profondes. Elle peut être le résultat de péchés commis par les ancêtres, de désobéissances à Dieu, ou de pactes spirituels négatifs. Voici quelques causes possibles :

Péchés Non Repentis

Les péchés commis par les ancêtres, tels que l'idolâtrie ou l'injustice, peuvent ouvrir des portes aux malédictions. Sans repentance, ces péchés continuent d'affecter les générations suivantes.

Pactes et Alliances Négatives
Des alliances prises en dehors de la volonté de Dieu, comme des engagements avec des forces occultes, peuvent inviter des malédictions de vision. Ces pactes doivent être identifiés et rompus pour libérer la lignée familiale de leurs effets.

Influences Spirituelles Négatives
Les influences spirituelles négatives, telles que les esprits de confusion et de sabotage, peuvent attaquer les individus, créant des cycles de désordre et de manque de vision. Ces forces doivent être identifiées et combattues par la prière et les décrets spirituels.

BRISER LA MALÉDICTION DE LA VISION

Pour renverser cette situation, il est essentiel de s'occuper de la malédiction qui empêche la vision et la clarté de se manifester. Voici quelques étapes pour briser la malédiction de la vision :

RECONNAISSANCE ET REPENTANCE

Reconnaître l'existence de la malédiction et se repentir des péchés et des alliances spirituelles négatives qui ont permis son installation. La repentance sincère est la première étape pour briser la malédiction.

Prière : Seigneur, je reconnais l'existence de la malédiction de la vision dans ma vie et dans ma famille. Je me repens des péchés de mes ancêtres et de mes propres péchés. Purifie-nous par Ton sang précieux et libère-nous de cette malédiction. Amen.

1 Jean 1:9 : *"Si nous confessons nos péchés, il est fidèle et juste pour nous les pardonner, et pour nous purifier de toute iniquité."*

DÉCLARATION DE FOI ET DE CLARTÉ

Proclamer des paroles de foi et de clarté pour remplacer les pensées de désordre et de confusion. Utiliser des versets bibliques pour affirmer la vision et le but divin pour sa vie.

Décret : Au nom de Jésus, je déclare que je suis libéré de la malédiction de la vision. Je choisis de faire confiance à Dieu et de suivre Ses plans pour ma vie. La clarté et la vision divine se manifestent dans chaque aspect de ma vie. Amen.

Proverbes 29:18 : *"Quand il n'y a pas de vision, le peuple est sans frein; heureux s'il garde la loi!"*

RENOUVELLEMENT DE L'ESPRIT ET DE LA PENSÉE

S'engager à renouveler son esprit et ses pensées par la méditation quotidienne de la Parole de Dieu. Remplacer les pensées de désordre par des pensées de vision et de clarté basées sur les Écritures.

Prière : Seigneur, renouvelle mon esprit et ma pensée par Ta Parole. Aide-moi à méditer sur Tes plans pour ma vie et à remplacer les pensées de confusion par des pensées de clarté et de vision. Amen.

Romains 12:2 : *"Ne vous conformez pas au siècle présent, mais soyez transformés par le renouvellement de l'intelligence, afin que vous discerniez quelle est la volonté de Dieu, ce qui est bon, agréable et parfait."*

Bénédiction de la Vision et de la Prospérité
Prier pour la bénédiction de Dieu sur la vision et la prospérité, demandant sa direction et sa sagesse pour chaque projet entrepris. Déclarer la réussite et le succès au nom de Jésus.

Prière : Seigneur, je prie pour Ta bénédiction sur ma vision et ma prospérité. Guide-moi dans chaque projet et accorde-moi Ta sagesse.

Je déclare la réussite et le succès dans tout ce que j'entreprends au nom de Jésus. Amen.

Psaumes 32:8 : *"Je t'instruirai et te montrerai la voie que tu dois suivre; je te conseillerai, j'aurai le regard sur toi."*

COMMENT ANNULER LA MALÉDICTION NUPTIALE

« Si un homme se fiance, un autre homme épousera sa fiancée; si quelqu'un bâtit une maison, il ne s'y installera pas; s'il plante une vigne, il n'en recueillera pas les fruits. »
Deutéronome 28:30

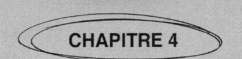

CHAPITRE 4

CHAPITRE 4 :
LA MALÉDICTION NUPTIALE

« Si un homme se fiance, un autre homme épousera sa fiancée; si quelqu'un bâtit une maison, il ne s'y installera pas; s'il plante une vigne, il n'en recueillera pas les fruits. »
Deutéronome 28:30

La malédiction nuptiale est un phénomène spirituel qui se manifeste par l'effondrement des mariages et des foyers. Elle est souvent associée à des cœurs brisés, des infidélités et des divorces récurrents. Dans le Deutéronome 28:30, il est écrit : "Si un homme se fiance, un autre homme épousera sa fiancée; si quelqu'un bâtit une maison, il ne s'y installera pas; s'il plante une vigne, il n'en recueillera pas les fruits." Cette description illustre l'impact destructeur de la malédiction nuptiale sur les relations et les vies familiales.

LES SYMPTÔMES DE LA MALÉDICTION NUPTIALE

Infidélité Répétée

La malédiction nuptiale se manifeste souvent par des cas répétés d'infidélité. Un partenaire peut être continuellement attiré par d'autres personnes en dehors du mariage, causant des tensions et des ruptures.

Divorces et Séparations Fréquentes

Les couples peuvent se retrouver dans un cycle de divorces et de séparations, souvent sans raison apparente. Les relations peuvent commencer avec amour et promesse, mais elles finissent par se désintégrer.

Conflits et Tensions Constantes

Même dans les moments de calme, il existe une tension sous-jacente qui peut éclater en conflits à tout moment. Les désaccords mineurs peuvent rapidement escalader en disputes majeures.

Impact Transgénérationnel

La malédiction nuptiale peut se transmettre de génération en génération. Les enfants des parents divorcés peuvent répéter les mêmes schémas dans leurs propres mariages, perpétuant ainsi le cycle.

L'HISTOIRE DE MARIE ET PAUL

Marie et Paul se sont mariés après une cour idyllique. Cependant, dès le début de leur mariage, Paul a commencé à être infidèle. Malgré plusieurs tentatives de thérapie et de réconciliation, le mariage a finalement échoué. Plus tard, Marie a appris que ses parents et grands-parents avaient également eu des mariages marqués par l'infidélité.

LE CAS DE SOPHIE ET JEAN

Sophie et Jean semblaient avoir un mariage parfait, mais des conflits constants ont rapidement émergé. Chaque désaccord mineur se transformait en dispute majeure. Après des années de tentatives infructueuses pour sauver leur mariage, ils ont finalement divorcé. Les enfants de Sophie et Jean ont également connu des difficultés similaires dans leurs propres relations.

LA RACINE SPIRITUELLE

Selon la théologie chrétienne, la malédiction nuptiale peut avoir des racines spirituelles profondes. Elle peut être le résultat de péchés passés, de pactes ou d'alliances spirituelles négatives, ou d'actes d'infidélité qui ont été perpétrés dans la lignée familiale. Les forces spirituelles négatives peuvent alors s'attacher à la lignée familiale, causant des schémas répétitifs de destruction matrimoniale.

Péchés Non Repentis
Les péchés commis par les ancêtres, tels que l'adultère ou le non-respect des vœux matrimoniaux, peuvent ouvrir des portes aux malédictions nuptiales. Sans repentance et

réconciliation, ces péchés continuent d'affecter les générations suivantes.

Pactes et Alliances Négatives
Des engagements spirituels pris en dehors de la volonté de Dieu, comme des alliances avec des forces occultes ou des vœux spirituels négatifs, peuvent inviter des malédictions nuptiales. Ces pactes doivent être identifiés et rompus pour libérer la lignée familiale de leurs effets.

Influences Spirituelles Négatives
Les influences spirituelles négatives, telles que les esprits de division et de confusion, peuvent attaquer les mariages et les foyers. Ces forces doivent être identifiées et combattues par la prière et les décrets spirituels.

COMMENT ROMPRE LA MALÉDICTION NUPTIALE

Pour briser la malédiction nuptiale, il est essentiel d'entreprendre une démarche spirituelle sérieuse, incluant la prière, la repentance, et des décrets basés sur la parole de Dieu. Voici quelques étapes clés :

REPENTANCE

Confesser les péchés de ses ancêtres et demander pardon à Dieu pour les alliances négatives prises par le passé.

PRIÈRE DE LIBÉRATION

Prier pour la libération des influences spirituelles négatives qui pèsent sur la lignée familiale. Utiliser des prières et des décrets basés sur des versets bibliques pour renverser les malédictions.

Prière : Seigneur Dieu Tout-Puissant, je viens devant Toi au nom de Jésus-Christ. Je confesse et je me repens des péchés de mes ancêtres, en particulier ceux liés à l'infidélité, au divorce et aux conflits dans les foyers. Je demande Ta miséricorde et Ta purification par le sang de Jésus. Je brise toute malédiction nuptiale qui a été transmise à travers ma lignée familiale. Je déclare que je suis libéré de toute malédiction nuptiale et que mon mariage est béni et protégé par Toi. Amen.

Galates 3:13 : *"Christ nous a rachetés de la malédiction de la loi, étant devenu malédiction pour nous, car il est écrit: Maudit est quiconque est pendu au bois."*

Décret : Au nom de Jésus, je décrète que mon mariage et les mariages dans ma famille sont restaurés et protégés. Je déclare que l'amour, la fidélité et l'harmonie règnent dans nos foyers. Toute influence spirituelle négative qui cherche à détruire nos mariages est maintenant brisée au nom de Jésus. Je proclame que nos foyers sont des lieux de paix et de bénédiction. Amen.

Éphésiens 5:25 : *"Maris, aimez vos femmes, comme Christ a aimé l'Église, et s'est livré lui-même pour elle."*

PRIÈRE DE PROTECTION POUR LES FOYERS

Prière : Seigneur Jésus, je Te demande de protéger mon foyer et ceux de ma famille de toutes les influences spirituelles négatives. Que Ton Saint-Esprit règne dans nos maisons, apportant paix, amour et compréhension. Je Te demande de protéger nos cœurs contre l'infidélité et de nous aider à honorer nos engagements matrimoniaux. Amen.

Psaume 91:10-11 : *"Aucun malheur ne t'arrivera, aucun fléau n'approchera de ta tente. Car il ordonnera à ses anges de te garder dans toutes tes voies."*

DÉCRET POUR L'UNION ET LA FIDÉLITÉ

Décret : Je déclare que mon mariage est scellé par le sang de Jésus et qu'il est un reflet de l'union entre Christ et l'Église. Je décrète fidélité, amour et respect mutuel dans ma relation. Toute tentative de l'ennemi de semer la division et la discorde dans mon mariage est maintenant anéantie au nom de Jésus. Amen.

Marc 10:9 : *"Que l'homme donc ne sépare pas ce que Dieu a uni."*

PRIÈRE POUR LA GUÉRISON DES BLESSURES DU PASSÉ

Prière : Seigneur, je Te demande de guérir toutes les blessures émotionnelles et spirituelles causées par les malédictions nuptiales dans ma famille. Apporte Ta paix et Ta restauration à ceux qui ont été affectés par le divorce et les conflits conjugaux. Aide-nous à pardonner et à reconstruire des relations solides et saines. Amen.

Ésaïe 61:1 : *"L'Esprit du Seigneur, l'Éternel, est sur moi, car l'Éternel m'a oint pour porter de bonnes nouvelles aux malheureux; Il m'a envoyé pour guérir ceux qui ont le cœur brisé."*

RESTAURATION DES MARIAGES

Travailler activement à la restauration des mariages par la thérapie de couple, la communication ouverte, et l'engagement à respecter les vœux matrimoniaux.

BÉNÉDICTIONS TRANSGÉNÉRATIONNELLES

Déclarer des bénédictions sur les générations futures, priant pour la protection et la prospérité de leurs mariages. Rompre les cycles de malédiction et proclamer la paix et l'harmonie.

COMMENT ANNULER LA MALÉDICTION INFANTILE

« Vous donnerez naissance à des fils et des filles, mais vous ne les garderez pas avec vous, car ils s'en iront en captivité. »
Deutéronome 28:41

CHAPITRE 5

CHAPITRE 5 :
LA MALÉDICTION INFANTILE

« Vous donnerez naissance à des fils et des filles, mais vous ne les garderez pas avec vous, car ils s'en iront en captivité. »
Deutéronome 28:41

La malédiction infantile est une manifestation spirituelle qui entraîne la captivité des enfants par des influences destructrices. Le Deutéronome 28:41 décrit cette réalité de manière poignante : "Vous donnerez naissance à des fils et des filles, mais vous ne les garderez pas avec vous, car ils s'en iront en captivité." Cette malédiction peut se traduire par la perte des enfants pour des influences néfastes telles que la drogue, l'alcool, les gangs, l'immoralité sexuelle, la pression des pairs, la dépression ou d'autres forces négatives. Voir des enfants devenir captifs de telles influences est profondément déchirant pour les parents et les familles.

SYMPTÔMES DE LA MALÉDICTION INFANTILE

Dépendances

Les enfants peuvent devenir dépendants de la drogue, de l'alcool ou d'autres substances nocives. Ces dépendances peuvent commencer par des expérimentations mais se transforment rapidement en captivité, détruisant leur santé, leur potentiel et leur avenir.

Influences Négatives

Les enfants peuvent être attirés par des groupes ou des gangs qui les entraînent dans des activités criminelles ou immorales. Ces influences peuvent sembler offrir un sentiment d'appartenance ou de protection, mais elles mènent à des comportements destructeurs.

Pression des Pairs

La pression des pairs peut pousser les enfants à adopter des comportements qu'ils n'auraient pas choisis autrement. Cela inclut l'engagement dans des activités risquées, l'adoption de normes de conduite dégradantes et la soumission à des influences négatives.

Troubles Émotionnels et Psychologiques

La dépression, l'anxiété et d'autres troubles émotionnels peuvent captiver les enfants, les empêchant de mener une vie normale et épanouie. Ces troubles peuvent être exacerbés par des environnements familiaux ou sociaux dysfonctionnels.

Immoralité Sexuelle

L'immoralité sexuelle peut prendre diverses formes, y compris des comportements précoces ou risqués qui peuvent entraîner des conséquences physiques, émotionnelles et spirituelles à long terme. Cette captivité détourne les enfants des valeurs morales et spirituelles.

L'HISTOIRE DE LÉA

Léa était une adolescente brillante avec un avenir prometteur, mais elle a commencé à fréquenter des amis qui l'ont initiée à la drogue. Rapidement, elle est devenue dépendante et a commencé à voler pour financer son addiction. Ses parents étaient dévastés de voir leur fille, autrefois pleine de potentiel, devenir captive de la drogue.

LE CAS DE THOMAS

Thomas, un jeune garçon de 15 ans, a rejoint un gang pour se protéger des intimidations à l'école. Ce gang l'a conduit à commettre des actes criminels, et il a été arrêté à plusieurs reprises. Ses parents ont assisté, impuissants, à la transformation de leur fils en délinquant.

L'EXPÉRIENCE DE SOPHIE

Sophie, influencée par la pression des pairs, a commencé à boire de l'alcool et à faire la fête de manière excessive. Elle a développé une dépendance à l'alcool et a commencé à négliger ses études et ses responsabilités. Ses parents ne reconnaissaient plus la fille qu'ils avaient élevée.

L'ORIGINE SPIRITUELLE DE LA MALÉDICTION

La malédiction infantile peut avoir des racines spirituelles profondes. Elle peut résulter de péchés commis par les ancêtres, de désobéissances à Dieu, ou de pactes spirituels négatifs. Voici quelques causes possibles :

Péchés Non Repentis
Les péchés commis par les ancêtres, tels que l'idolâtrie ou l'injustice, peuvent ouvrir des portes aux malédictions sur les enfants. Sans repentance, ces péchés continuent d'affecter les générations suivantes.

Pactes et Alliances Négatives

Des engagements pris en dehors de la volonté de Dieu, comme des alliances avec des forces occultes, peuvent inviter des malédictions sur les enfants. Ces pactes doivent être identifiés et rompus pour libérer la lignée familiale de leurs effets.

Influences Spirituelles Négatives

Les influences spirituelles négatives, telles que les esprits de rébellion et de destruction, peuvent attaquer les enfants, les entraînant dans des cycles de comportement destructeur. Ces forces doivent être identifiées et combattues par la prière et les décrets spirituels.

BRISER LA MALÉDICTION INFANTILE

Pour renverser cette situation, il est essentiel de s'occuper de la malédiction qui permet à ces influences destructrices de captiver les enfants. Voici quelques étapes pour briser la malédiction infantile :

RECONNAISSANCE ET REPENTANCE

Reconnaître l'existence de la malédiction et se repentir des péchés et des alliances spirituelles négatives qui ont permis son installation. La repentance sincère est la première étape pour briser la malédiction.

Prière : Seigneur, je reconnais l'existence de la malédiction infantile dans ma famille. Je me repens des péchés de mes ancêtres et de mes propres péchés. Purifie-nous par Ton sang précieux et libère-nous de cette malédiction. Amen.

1 Jean 1:9 : *"Si nous confessons nos péchés, il est fidèle et juste pour nous les pardonner, et pour nous purifier de toute iniquité."*

DÉCLARATION DE PROTECTION ET DE DÉLIVRANCE

Proclamer des paroles de protection et de délivrance pour les enfants, demandant à Dieu de les libérer des influences négatives et de les protéger de la captivité.

Décret : Au nom de Jésus, je déclare que mes enfants sont protégés et libérés de toute malédiction infantile. Je proclame la protection divine sur leur vie et leur destinée. Aucun mal ne les atteindra et ils marcheront dans les plans et les bénédictions de Dieu. Amen.

Psaume 91:11 : *"Car il ordonnera à ses anges de te garder dans toutes tes voies."*

RENOUVELLEMENT DE L'ESPRIT ET DE LA PENSÉE

S'engager à renouveler son esprit et ses pensées par la méditation quotidienne de la Parole de Dieu. Enseigner aux enfants les valeurs spirituelles et les protéger par des prières régulières.

Prière : Seigneur, renouvelle mon esprit et ma pensée par Ta Parole. Aide-moi à enseigner

Tes valeurs à mes enfants et à les protéger par des prières régulières. Amen.

Romains 12:2 : *"Ne vous conformez pas au siècle présent, mais soyez transformés par le renouvellement de l'intelligence, afin que vous discerniez quelle est la volonté de Dieu, ce qui est bon, agréable et parfait."*

BÉNÉDICTION DES ENFANTS ET DE LEUR DESTINÉE

Prier pour la bénédiction de Dieu sur les enfants et leur destinée, demandant sa direction et sa protection pour chaque aspect de leur vie. Déclarer leur réussite et leur prospérité au nom de Jésus.

Prière : Seigneur, je prie pour Ta bénédiction sur mes enfants et leur destinée. Guide-les dans chaque aspect de leur vie et protège-les de toute influence négative. Je déclare leur réussite et leur prospérité au nom de Jésus. Amen.

Jérémie 29:11 : *"Car je connais les projets que j'ai formés sur vous, dit l'Éternel, projets de paix et non de malheur, afin de vous donner un avenir et de l'espérance."*

COMMENT ANNULER LA MALÉDICTION DU MANQUE

« Tu transporteras sur ton champ beaucoup de semence; et tu feras une faible récolte, car les sauterelles la dévoreront. Tu planteras des vignes et tu les cultiveras; et tu ne boiras pas de vin et tu ne feras pas de récolte, car les vers la mangeront. Tu auras des oliviers dans toute l'étendue de ton pays; et tu ne t'oindras pas d'huile, car tes olives tomberont. »
Deutéronome 28:38-40

CHAPITRE 6

CHAPITRE 6 :
LA MALÉDICTION DU MANQUE

« Tu transporteras sur ton champ beaucoup de semence; et tu feras une faible récolte, car les sauterelles la dévoreront. Tu planteras des vignes et tu les cultiveras; et tu ne boiras pas de vin et tu ne feras pas de récolte, car les vers la mangeront. Tu auras des oliviers dans toute l'étendue de ton pays; et tu ne t'oindras pas d'huile, car tes olives tomberont. »
Deutéronome 28:38-40

La malédiction du manque est un phénomène spirituel qui se manifeste par une absence de prospérité et une incapacité à récolter les fruits de ses efforts. Le Deutéronome 28:38-40 l'illustre parfaitement : " Tu transporteras sur ton champ beaucoup de semence; et tu feras une faible récolte, car les sauterelles la dévoreront. Tu planteras des vignes et tu les cultiveras; et tu ne boiras pas de vin et tu ne feras pas de récolte, car les vers la mangeront. Tu auras des oliviers dans toute l'étendue de ton pays; et tu ne t'oindras pas d'huile, car tes olives tomberont." Cette malédiction se traduit par un décalage entre les efforts déployés et les résultats obtenus, souvent à cause d'une force dévorante qui empêche la récolte naturelle.

LES SYMPTÔMES DE LA MALÉDICTION DU MANQUE

Absence de Récolte Proportionnelle aux Efforts

Une personne sous cette malédiction travaille dur et investit beaucoup de temps et d'efforts, mais les résultats sont décevants. Les fruits de son travail sont dévorés par une force invisible, créant un sentiment de frustration et de désespoir.

Travail Acharné sans Prospérité

Malgré le travail acharné et les longues heures de labeur, les résultats ne reflètent pas les efforts fournis. Cette absence de prospérité empêche la personne de progresser et de s'épanouir.

Barrières Inexplicables au Succès
Des obstacles imprévus et inexpliqués surgissent régulièrement, entravant la réussite des projets. Ces barrières peuvent être financières, logistiques ou même relationnelles, et elles semblent surgir de nulle part pour saboter les efforts de la personne.

Réduction des Fruits du Travail
Les résultats du travail sont souvent inférieurs aux attentes. Même les gains obtenus semblent diminuer rapidement, sans laisser de bénéfices durables. Cela se traduit par une instabilité financière et une insécurité économique.

L'HISTOIRE DE DAVID

David est un agriculteur qui travaille dur toute l'année pour cultiver ses champs. Cependant, chaque année, une série de catastrophes naturelles ou de parasites détruit une grande partie de sa récolte. Malgré ses efforts continus pour améliorer ses pratiques agricoles, il n'arrive pas à récolter suffisamment pour subvenir aux besoins de sa famille.

LE CAS DE SARAH

Sarah est une entrepreneuse qui a lancé plusieurs entreprises prometteuses. Malgré ses compétences et son dévouement, elle se retrouve constamment confrontée à des problèmes financiers imprévus qui épuisent ses ressources. Ses entreprises ne parviennent jamais à prospérer, et elle vit dans un cycle de dettes et de faillites.

L'EXPÉRIENCE DE JEAN

Jean est un employé dévoué qui travaille de longues heures dans l'espoir de gravir les échelons professionnels. Cependant, il est souvent négligé pour les promotions et les augmentations de salaire, malgré ses performances exceptionnelles. Il se sent découragé et incapable de prospérer dans sa carrière.

L'ORIGINE SPIRITUELLE DE LA MALÉDICTION

La malédiction du manque peut avoir des racines spirituelles profondes. Elle peut résulter de péchés commis par les ancêtres, de désobéissances à Dieu, ou de pactes spirituels négatifs. Voici quelques causes possibles :

Péchés Non Repentis
Les péchés commis par les ancêtres, tels que l'injustice ou l'idolâtrie, peuvent ouvrir des portes aux malédictions du manque. Sans repentance, ces péchés continuent d'affecter les générations suivantes.

Pactes et Alliances Négatives

Des engagements pris en dehors de la volonté de Dieu, comme des alliances avec des forces occultes, peuvent inviter des malédictions de manque. Ces pactes doivent être identifiés et rompus pour libérer la lignée familiale de leurs effets.

Influences Spirituelles Négatives

Les influences spirituelles négatives, telles que les esprits de dévorateur et de sabotage, peuvent attaquer les individus, créant des cycles de travail acharné sans prospérité. Ces forces doivent être identifiées et combattues par la prière et les décrets spirituels.

BRISER LA MALÉDICTION DU MANQUE

Pour renverser cette situation, il est essentiel de s'occuper de la malédiction qui empêche la prospérité et l'augmentation. Voici quelques étapes pour briser la malédiction du manque :

RECONNAISSANCE ET REPENTANCE

Reconnaître l'existence de la malédiction et se repentir des péchés et des alliances spirituelles négatives qui ont permis son installation. La repentance sincère est la première étape pour briser la malédiction.

Prière : Seigneur, je reconnais l'existence de la malédiction du manque dans ma vie et dans ma famille. Je me repens des péchés de mes ancêtres et de mes propres péchés. Purifie-nous par Ton sang précieux et libère-nous de cette malédiction. Amen.

1 Jean 1:9 : *"Si nous confessons nos péchés, il est fidèle et juste pour nous les pardonner, et pour nous purifier de toute iniquité."*

DÉCLARATION DE PROSPÉRITÉ ET DE BÉNÉDICTION

Proclamer des paroles de prospérité et de bénédiction pour remplacer les pensées de manque et de pénurie. Utiliser des versets bibliques pour affirmer la prospérité et la provision divine.

Décret : Au nom de Jésus, je déclare que je suis libéré de la malédiction du manque. Je choisis de faire confiance à Dieu et de croire en Ses promesses de prospérité. Je suis béni et je prospère dans tout ce que j'entreprends. Amen.

Psaumes 1:3 : *"Il est comme un arbre planté près d'un cours d'eau, qui donne son fruit en sa saison, et dont le feuillage ne se flétrit point: tout ce qu'il fait lui réussit."*

RENOUVELLEMENT DE L'ESPRIT ET DE LA PENSÉE

S'engager à renouveler son esprit et ses pensées par la méditation quotidienne de la Parole de Dieu. Remplacer les pensées de manque par des pensées de prospérité et de provision basées sur les Écritures.

Prière : Seigneur, renouvelle mon esprit et ma pensée par Ta Parole. Aide-moi à méditer sur Tes promesses de prospérité et de provision. Amen.

Romains 12:2 : *"Ne vous conformez pas au siècle présent, mais soyez transformés par le renouvellement de l'intelligence, afin que vous discerniez quelle est la volonté de Dieu, ce qui est bon, agréable et parfait."*

BÉNÉDICTION DES EFFORTS ET DES ENTREPRISES

Prier pour la bénédiction de Dieu sur tous les efforts et les entreprises, demandant sa protection et sa faveur pour chaque projet entrepris. Déclarer la prospérité et le succès au nom de Jésus.

Prière : Seigneur, je prie pour Ta bénédiction sur tous mes efforts et mes entreprises. Protège chaque projet et accorde-moi Ta faveur. Je déclare la prospérité et le succès dans tout ce que j'entreprends au nom de Jésus. Amen.

Psaumes 90:17 : *"Que la grâce de l'Éternel, notre Dieu, soit sur nous! Affermis l'œuvre de nos mains; Oui, affermis l'œuvre de nos mains."*

BRISER LA MALÉDICTION PAR JÉSUS-CHRIST

En Jésus-Christ, cette malédiction est supprimée. Lorsqu'Adam est tombé dans le jardin d'Éden, la malédiction qui s'est abattue sur lui a consisté en une diminution des résultats de ses travaux. Genèse 3:17-19 décrit cette malédiction : "Puis il dit à Adam : Parce que tu as écouté la voix de ta femme, et que tu as mangé de l'arbre dont je t'avais donné l'ordre de ne pas manger : Le sol est maudit à cause de toi ; tu le laboureras tous les jours de ta vie. Il produira pour toi des épines et des chardons, et tu mangeras l'herbe des champs. C'est à la sueur de ton visage que tu mangeras du pain, jusqu'à ce que tu retournes à la terre, car c'est d'elle que tu as été pris ; car tu es poussière, et tu retourneras à la poussière."

Cependant, en Jésus-Christ, cette malédiction est levée. Si nous voyons toujours cette malédiction opérer dans nos vies, nous devons nous rendre dans les tribunaux du Ciel et supprimer son droit légal (*lire mon livre VICTIME OU VAINQUEUR*). Lorsque nous le faisons, la malédiction du manque et des rendements diminués est supprimée. La bénédiction de la prospérité et de l'augmentation est alors libre de se manifester. Les années de frustration et de dur labeur peuvent être remplacées par la fécondité et la prospérité.

COMMENT ANNULER LA MALÉDICTION DES MALADIES (INCURABLES)

« L'Éternel te frappera de l'ulcère d'Égypte, d'hémorroïdes, de gale et de teigne, dont tu ne pourras guérir. »
Deutéronome 28:27

CHAPITRE 7

CHAPITRE 7 : LA MALÉDICTION DES MALADIES (INCURABLES)

« L'Éternel te frappera de l'ulcère d'Égypte, d'hémorroïdes, de gale et de teigne, dont tu ne pourras guérir. »
Deutéronome 28:27

La malédiction des maladies incurables est une réalité spirituelle qui se manifeste par des affections physiques que ni les médecins ni les prières de guérison ne parviennent à guérir. Le Deutéronome, chapitre 28, versets 27, 35, 60-61, décrit cette condition en utilisant des termes comme furoncles, tumeurs, gale et démangeaisons dont on ne peut guérir. Ces affections sont attribuées à des malédictions qui nécessitent une intervention spirituelle pour être levées.

LES SYMPTÔMES DE LA MALÉDICTION DES MALADIES INCURABLES

Maladies Persistantes et Incurables

Les maladies qui persistent malgré les traitements médicaux et les prières de guérison peuvent être le signe d'une malédiction. Ces affections semblent résister à toutes les tentatives de guérison, laissant les individus dans un état de souffrance continue.

Affections Multiples et Récurrentes

Les personnes sous cette malédiction peuvent souffrir de plusieurs affections simultanément ou voir certaines maladies revenir de manière récurrente. Chaque fois qu'une maladie semble guérie, une autre apparaît, créant un cycle de maladies incessant.

Absence de Réponse aux Traitements

Les traitements médicaux conventionnels ainsi que les interventions spirituelles peuvent sembler inefficaces. Les maladies ne répondent pas aux médicaments, aux interventions chirurgicales ou aux prières de guérison, laissant les personnes désespérées.

Détérioration Progressive de la Santé
La santé des individus se détériore progressivement sans explication apparente. Les symptômes empirent avec le temps, et aucune forme de traitement ne semble capable de stopper cette dégradation.

L'HISTOIRE DE CLAIRE

Claire est une femme de 45 ans qui souffre de multiples maladies auto-immunes. Malgré de nombreuses consultations médicales, traitements et prières, ses affections persistent et s'aggravent. Chaque fois qu'un médecin semble trouver un traitement, de nouveaux symptômes apparaissent.

LE CAS DE PAUL

Paul souffre de tumeurs récurrentes qui reviennent même après des interventions chirurgicales réussies. Les médecins ne parviennent pas à expliquer pourquoi les tumeurs reviennent constamment, et les prières de guérison ne semblent pas avoir d'effet durable.

L'EXPÉRIENCE DE SOPHIE

Sophie est une jeune femme atteinte de gale et de démangeaisons chroniques. Aucune crème, médicament ou prière ne parvient à soulager ses symptômes. Sa peau est constamment irritée, et elle souffre énormément.

L'ORIGINE SPIRITUELLE DE LA MALÉDICTION

La malédiction des maladies incurables peut avoir des racines spirituelles profondes. Elle peut être le résultat de péchés commis par les ancêtres, de désobéissances à Dieu, ou de pactes spirituels négatifs. Voici quelques causes possibles :

Péchés Non Repentis

Les péchés commis par les ancêtres, tels que l'idolâtrie ou l'injustice, peuvent ouvrir des portes aux malédictions de maladies incurables. Sans repentance, ces péchés continuent d'affecter les générations suivantes.

Pactes et Alliances Négatives

Des engagements pris en dehors de la volonté de Dieu, comme des alliances avec des forces occultes, peuvent inviter des malédictions de maladies incurables. Ces pactes doivent être identifiés et rompus pour libérer la lignée familiale de leurs effets.

Influences Spirituelles Négatives

Les influences spirituelles négatives, telles que les esprits de maladie et de destruction, peuvent attaquer les individus, créant des affections résistantes aux traitements. Ces forces doivent être identifiées et combattues par la prière et les décrets spirituels.

BRISER LA MALÉDICTION DES MALADIES INCURABLES

Pour renverser cette situation, il est essentiel de s'occuper de la malédiction qui empêche la guérison et la restauration de la santé. Voici quelques étapes pour briser la malédiction des maladies incurables :

RECONNAISSANCE ET REPENTANCE

Reconnaître l'existence de la malédiction et se repentir des péchés et des alliances spirituelles négatives qui ont permis son installation. La repentance sincère est la première étape pour briser la malédiction.

Prière : Seigneur, je reconnais l'existence de la malédiction des maladies incurables dans ma vie et dans ma famille. Je me repens des péchés de mes ancêtres et de mes propres péchés. Purifie-nous par Ton sang précieux et libère-nous de cette malédiction. Amen.

1 Jean 1:9 : *"Si nous confessons nos péchés, il est fidèle et juste pour nous les pardonner, et pour nous purifier de toute iniquité."*

DÉCLARATION DE GUÉRISON ET DE RESTAURATION

Proclamer des paroles de guérison et de restauration pour remplacer les pensées de maladie et de souffrance. Utiliser des versets bibliques pour affirmer la guérison et la restauration divine.

Décret : Au nom de Jésus, je déclare que je suis libéré de la malédiction des maladies incurables. Je choisis de faire confiance à Dieu et de croire en Ses promesses de guérison. Je suis guéri et restauré dans tout mon être. Amen.

Ésaïe 53:5: *"Mais il était blessé pour nos transgressions, brisé pour nos iniquités; le châtiment qui nous donne la paix est tombé sur lui, et c'est par ses meurtrissures que nous sommes guéris."*

RENOUVELLEMENT DE L'ESPRIT ET DE LA PENSÉE

S'engager à renouveler son esprit et ses pensées par la méditation quotidienne de la Parole de Dieu. Remplacer les pensées de maladie par des pensées de guérison et de restauration basées sur les Écritures.

Prière : Seigneur, renouvelle mon esprit et ma pensée par Ta Parole. Aide-moi à méditer sur Tes promesses de guérison et de restauration. Amen.

Romains 12:2 : *"Ne vous conformez pas au siècle présent, mais soyez transformés par le renouvellement de l'intelligence, afin que vous discerniez quelle est la volonté de Dieu, ce qui est bon, agréable et parfait."*

BÉNÉDICTION DE LA SANTÉ ET DE LA GUÉRISON

Prier pour la bénédiction de Dieu sur la santé et la guérison, demandant sa protection et sa faveur pour chaque aspect de la santé.

Déclarer la guérison et la restauration au nom de Jésus.

Prière : Seigneur, je prie pour Ta bénédiction sur ma santé et ma guérison. Protège chaque aspect de ma santé et accorde-moi Ta guérison divine. Je déclare la guérison et la restauration dans tout mon être au nom de Jésus. Amen.

Psaumes 103:2-3 : *"Mon âme, bénis l'Éternel, et n'oublie aucun de ses bienfaits! C'est lui qui pardonne toutes tes iniquités, qui guérit toutes tes maladies."*

LE RÔLE DU JUGE DIVIN

Lorsque nous lisons que "le Seigneur" inflige ces malédictions, il est important de comprendre le rôle de Dieu en tant que juge. Dieu ne désire pas nous voir souffrir, mais en tant que juge, Il permet légalement au diable de provoquer la destruction lorsqu'il a un dossier contre nous. Cela se produit non parce que Dieu le souhaite, mais parce que légalement, Il ne peut pas l'empêcher tant que nous ne traitons pas la cause de cette permission.

En tant que juge, Dieu doit honorer la légalité du royaume des esprits. Si Satan découvre un droit légal de dévorer, Dieu ne peut l'arrêter tant que ce droit n'est pas supprimé. Par conséquent, il est crucial de prendre l'œuvre de Jésus sur la croix, d'entrer dans les tribunaux du Ciel et de supprimer le droit légal de Satan.

COMMENT ANNULER LA MALÉDICTION DU MANQUE D'ONCTION

« Tu auras des oliviers dans toute l'étendue de ton pays; et tu ne t'oindras pas d'huile, car tes olives tomberont. »
Deutéronome 28:40

CHAPITRE 8

CHAPITRE 8 :
LA MALÉDICTION DU MANQUE D'ONCTION

« Tu auras des oliviers dans toute l'étendue de ton pays; et tu ne t'oindras pas d'huile, car tes olives tomberont. »
Deutéronome 28:40

La malédiction du manque d'onction est un phénomène spirituel qui se manifeste par une absence d'onction ou une diminution de ses effets. Selon Deutéronome 28:40, bien que la source de l'onction soit disponible, il n'y aura pas d'huile pour oindre : "Tu auras des oliviers sur tout ton territoire, mais tu ne t'oindras pas avec l'huile, car tes olives tomberont." Cela signifie que malgré la présence des ressources nécessaires, l'onction ne peut pas se manifester pleinement en raison d'une malédiction qui en empêche les effets bénéfiques.

LES SYMPTÔMES DE LA MALÉDICTION DU MANQUE D'ONCTION

Absence d'Onction

Les individus touchés par cette malédiction ne ressentent pas la puissance de l'onction dans leur vie. Les prières et les activités spirituelles semblent manquer de l'effet transformateur qu'elles devraient normalement avoir.

Diminution des Effets de l'Onction

Même lorsque l'onction est présente, ses effets sont fortement diminués. Les prières pour la guérison, la délivrance ou les percées spirituelles ne produisent pas les résultats escomptés, laissant les individus frustrés et découragés.

Sentiment de Stagnation Spirituelle

Les personnes sous cette malédiction peuvent ressentir une stagnation dans leur vie spirituelle. Elles se sentent bloquées et incapables de progresser, malgré leurs efforts pour chercher la présence et la puissance de Dieu.

Manque de Percée dans les Ministères

Les ministères et les activités spirituelles semblent incapables de provoquer des changements significatifs. Les leaders spirituels peuvent prier et prêcher avec ferveur, mais les résultats attendus ne se manifestent pas.

L'HISTOIRE DE MARC

Marc est un pasteur dévoué qui prêche avec passion et prie régulièrement pour ses membres d'église. Cependant, malgré ses efforts, il constate que les guérisons sont rares et que les délivrances sont peu fréquentes. Il ressent une frustration croissante face à l'absence de résultats tangibles.

LE CAS DE SARAH

Sarah est une intercesseuse qui passe des heures en prière chaque jour. Elle ressent l'onction pendant ses moments de prière, mais lorsqu'elle prie pour les autres, elle ne voit pas de changement. Les personnes pour lesquelles elle prie continuent de souffrir, et elle se demande pourquoi ses prières semblent inefficaces.

L'EXPÉRIENCE DE DAVID

David est un leader de groupe de louange qui organise régulièrement des événements spirituels. Malgré une forte participation et une atmosphère de prière intense, il remarque que les participants repartent souvent sans avoir expérimenté de percée spirituelle significative. Il se demande pourquoi l'onction ne produit pas les résultats attendus.

L'ORIGINE SPIRITUELLE DE LA MALÉDICTION

La malédiction du manque d'onction peut avoir des racines spirituelles profondes. Elle peut résulter de péchés commis par les ancêtres, de désobéissances à Dieu, ou de pactes spirituels négatifs. Voici quelques causes possibles :

Péchés Non Repentis
Les péchés commis par les ancêtres, tels que l'idolâtrie ou l'injustice, peuvent ouvrir des portes aux malédictions. Sans repentance, ces péchés continuent d'affecter les générations suivantes.

Pactes et Alliances Négatives
Des engagements pris en dehors de la volonté de Dieu, comme des alliances avec des forces occultes, peuvent inviter des malédictions de manque d'onction. Ces pactes doivent être identifiés et rompus pour libérer la lignée familiale de leurs effets.

Influences Spirituelles Négatives
Les influences spirituelles négatives, telles que les esprits de sabotage et de limitation, peuvent attaquer les individus, créant des cycles d'inefficacité spirituelle. Ces forces

doivent être identifiées et combattues par la prière et les décrets spirituels.

BRISER LA MALÉDICTION DU MANQUE D'ONCTION

Pour renverser cette situation, il est essentiel de s'occuper de la malédiction qui empêche l'onction de se manifester pleinement. Voici quelques étapes pour briser la malédiction du manque d'onction :

RECONNAISSANCE ET REPENTANCE

Reconnaître l'existence de la malédiction et se repentir des péchés et des alliances spirituelles négatives qui ont permis son installation. La repentance sincère est la première étape pour briser la malédiction.

Prière : Seigneur, je reconnais l'existence de la malédiction du manque d'onction dans ma vie et dans mon ministère. Je me repens des péchés de mes ancêtres et de mes propres péchés. Purifie-nous par Ton sang précieux et libère-nous de cette malédiction. Amen.

1 Jean 1:9 : *"Si nous confessons nos péchés, il est fidèle et juste pour nous les pardonner, et pour nous purifier de toute iniquité."*

DÉCLARATION DE PUISSANCE ET D'ONCTION

Proclamer des paroles de puissance et d'onction pour remplacer les pensées de manque et de limitation. Utiliser des versets bibliques pour affirmer la plénitude de l'onction divine.

Décret : Au nom de Jésus, je déclare que je suis libéré de la malédiction du manque d'onction. Je choisis de faire confiance à Dieu et de croire en Ses promesses de puissance. Je suis rempli de l'onction divine et elle se manifeste pleinement dans ma vie et mon ministère. Amen.

Ésaïe 10:27 : *"En ce jour, son fardeau sera ôté de dessus ton épaule, et son joug de dessus ton cou; et le joug sera détruit à cause de l'onction."*

RENOUVELLEMENT DE L'ESPRIT ET DE LA PENSÉE

S'engager à renouveler son esprit et ses pensées par la méditation quotidienne de la Parole de Dieu. Remplacer les pensées de manque par des pensées de puissance et de plénitude basées sur les Écritures.

Prière : Seigneur, renouvelle mon esprit et ma pensée par Ta Parole. Aide-moi à méditer sur Tes promesses de puissance et d'onction. Amen.

Romains 12:2 : *"Ne vous conformez pas au siècle présent, mais soyez transformés par le renouvellement de l'intelligence, afin que vous discerniez quelle est la volonté de Dieu, ce qui est bon, agréable et parfait."*

BÉNÉDICTION DE L'ONCTION ET DE LA PUISSANCE

Prier pour la bénédiction de Dieu sur l'onction et la puissance, demandant sa protection et sa faveur pour chaque aspect de la vie spirituelle. Déclarer la plénitude de l'onction et la manifestation de ses effets au nom de Jésus.

Prière : Seigneur, je prie pour Ta bénédiction sur mon onction et ma puissance. Protège chaque aspect de ma vie spirituelle et accorde-moi Ta puissance divine. Je déclare la plénitude de l'onction et la manifestation de ses effets dans tout ce que j'entreprends au nom de Jésus. Amen.

Actes 1:8 : *"Mais vous recevrez une puissance, le Saint-Esprit survenant sur vous, et vous serez mes témoins à Jérusalem, dans toute la Judée, dans la Samarie, et jusqu'aux extrémités de la terre."*

COMMENT ANNULER LA MALÉDICTION MENTALE

« A force de voir ce qui se présentera sous vos yeux, vous en perdrez la raison. »
Deutéronome 28:34

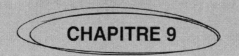

CHAPITRE 9

CHAPITRE 9 : LA MALÉDICTION MENTALE

« A force de voir ce qui se présentera sous vos yeux, vous en perdrez la raison. »
Deutéronome 28:34

La malédiction mentale est une condition spirituelle qui se manifeste par des problèmes mentaux et émotionnels. Deutéronome 28:34 illustre cette réalité : " A force de voir ce qui se présentera sous vos yeux, vous en perdrez la raison. (Tu deviendras donc fou à cause de ce que tes yeux voient.)" Ces luttes peuvent souvent être attribuées à des malédictions opérant dans une lignée familiale. Le diable trouve un endroit légal dans l'histoire d'une famille pour provoquer une malédiction de maladie mentale. Cependant, lorsque cette histoire est découverte et traitée par le sang de Jésus, les batailles mentales et émotionnelles peuvent être gagnées. Jésus est celui qui libère les gens et les délivre des tourments.

<u>LES SYMPTÔMES DE LA MALÉDICTION MENTALE</u>

Problèmes Émotionnels

Les individus sous cette malédiction peuvent éprouver des émotions intenses et incontrôlables, telles que l'anxiété, la dépression, la colère ou la tristesse profonde. Ces émotions peuvent les submerger et les empêcher de fonctionner normalement dans la vie quotidienne.

Troubles Mentaux

Les troubles mentaux tels que la schizophrénie, les troubles bipolaires et d'autres maladies psychiatriques peuvent être des signes de cette malédiction. Ces troubles affectent profondément la pensée, l'humeur et le comportement de l'individu.

Pensées Suicidaires

Les pensées suicidaires et les tendances autodestructrices peuvent également être un symptôme de la malédiction mentale. Les personnes touchées peuvent ressentir un profond désespoir et une envie de mettre fin à leurs souffrances.

Désorientation et Confusion

Les personnes sous cette malédiction peuvent ressentir de la confusion, de la désorientation et des difficultés à se concentrer. Leur esprit peut être en proie à un tourbillon de pensées négatives qui les empêchent de prendre des décisions éclairées.

L'HISTOIRE DE MARIE

Marie est une jeune femme qui souffre de dépression depuis son adolescence. Sa grand-mère et sa mère ont également souffert de dépression sévère. Malgré les traitements médicaux et les prières, Marie continue de lutter contre ce sentiment écrasant de tristesse. En recherchant l'histoire familiale, elle découvre que sa famille a été impliquée dans des pratiques occultes, ce qui a ouvert une porte à la malédiction mentale.

LE CAS DE THOMAS

Thomas est un homme de 40 ans diagnostiqué avec un trouble bipolaire. Il alterne entre des phases de manie intense et des épisodes de dépression profonde. En enquêtant sur son arbre généalogique, il découvre que plusieurs membres de sa famille ont été internés en hôpital psychiatrique pour des maladies mentales graves. En travaillant avec un conseiller spirituel, Thomas découvre des péchés non repentis dans sa lignée familiale.

L'EXPÉRIENCE DE SOPHIE

Sophie est une jeune fille de 18 ans qui entend des voix et souffre d'hallucinations visuelles. Elle a été diagnostiquée avec la schizophrénie. En explorant l'histoire familiale, ses parents découvrent que des ancêtres ont été impliqués dans des rituels occultes et des pratiques spirituelles négatives. Cette découverte permet à Sophie de commencer un chemin de guérison spirituelle.

L'ORIGINE SPIRITUELLE DE LA MALÉDICTION

La malédiction mentale peut avoir des racines spirituelles profondes. Elle peut résulter de péchés commis par les ancêtres, de désobéissances à Dieu, ou de pactes spirituels négatifs. Voici quelques causes possibles :

Péchés Non Repentis

Les péchés commis par les ancêtres, tels que l'idolâtrie ou l'injustice, peuvent ouvrir des portes aux malédictions mentales. Sans repentance, ces péchés continuent d'affecter les générations suivantes.

Pactes et Alliances Négatives

Des engagements pris en dehors de la volonté de Dieu, comme des alliances avec des forces occultes, peuvent inviter des malédictions mentales. Ces pactes doivent être identifiés et rompus pour libérer la lignée familiale de leurs effets.

Influences Spirituelles Négatives
Les influences spirituelles négatives, telles que les esprits de confusion et de destruction, peuvent attaquer les individus, créant des troubles mentaux et émotionnels. Ces forces doivent être identifiées et combattues par la prière et les décrets spirituels.

BRISER LA MALÉDICTION MENTALE

Pour renverser cette situation, il est essentiel de s'occuper de la malédiction qui empêche la guérison mentale et émotionnelle. Voici quelques étapes pour briser la malédiction mentale :

RECONNAISSANCE ET REPENTANCE
Reconnaître l'existence de la malédiction et se repentir des péchés et des alliances spirituelles négatives qui ont permis son

installation. La repentance sincère est la première étape pour briser la malédiction.

Prière : Seigneur, je reconnais l'existence de la malédiction mentale dans ma vie et dans ma famille. Je me repens des péchés de mes ancêtres et de mes propres péchés. Purifie-nous par Ton sang précieux et libère-nous de cette malédiction. Amen.

1 Jean 1:9 : *"Si nous confessons nos péchés, il est fidèle et juste pour nous les pardonner, et pour nous purifier de toute iniquité."*

DÉCLARATION DE GUÉRISON ET DE RESTAURATION

Proclamer des paroles de guérison et de restauration pour remplacer les pensées de maladie mentale et émotionnelle. Utiliser des versets bibliques pour affirmer la guérison et la restauration divine.

Décret : Au nom de Jésus, je déclare que je suis libéré de la malédiction mentale. Je choisis de faire confiance à Dieu et de croire en Ses promesses de guérison. Je suis guéri et restauré dans tout mon être mental et émotionnel. Amen.

Ésaïe 53:5 : *"Mais il était blessé pour nos transgressions, brisé pour nos iniquités; le châtiment qui nous donne la paix est tombé sur lui, et c'est par ses meurtrissures que nous sommes guéris."*

RENOUVELLEMENT DE L'ESPRIT ET DE LA PENSÉE

S'engager à renouveler son esprit et ses pensées par la méditation quotidienne de la Parole de Dieu. Remplacer les pensées de confusion et de désespoir par des pensées de guérison et de restauration basées sur les Écritures.

Prière : Seigneur, renouvelle mon esprit et ma pensée par Ta Parole. Aide-moi à méditer sur

Tes promesses de guérison et de restauration. Amen.

Romains 12:2 : *"Ne vous conformez pas au siècle présent, mais soyez transformés par le renouvellement de l'intelligence, afin que vous discerniez quelle est la volonté de Dieu, ce qui est bon, agréable et parfait."*

BÉNÉDICTION DE LA SANTÉ MENTALE ET ÉMOTIONNELLE

Prier pour la bénédiction de Dieu sur la santé mentale et émotionnelle, demandant sa protection et sa faveur pour chaque aspect de la santé mentale. Déclarer la guérison et la restauration au nom de Jésus.

Prière : Seigneur, je prie pour Ta bénédiction sur ma santé mentale et émotionnelle. Protège chaque aspect de ma santé mentale et accorde-moi Ta guérison divine. Je déclare la guérison et la restauration dans tout mon être mental et émotionnel au nom de Jésus. Amen.

Psaumes 34:18 : *"L'Éternel est près de ceux qui ont le cœur brisé, et il sauve ceux qui ont l'esprit dans l'abattement."*

LE RÔLE DU JUGE DIVIN

En tant que juge, Dieu doit honorer la légalité du royaume des esprits. Si Satan découvre un droit légal de dévorer, Dieu ne peut l'arrêter tant que ce droit n'est pas supprimé. Par conséquent, il est crucial de prendre l'œuvre de Jésus sur la croix, d'entrer dans les tribunaux du Ciel et de supprimer le droit légal de Satan. Dès que cela est fait, Dieu agit en notre faveur et les droits de Satan sont révoqués, dissout les malédictions. *(voir mon livre : VICTIME OU VAINQUEUR)*

COMMENT ANNULER LA MALÉDICTION DU PILLAGE

« Vos bœufs seront abattus sous vos yeux, et vous n'en mangerez pas la viande. Vos ânes seront volés devant vous et ne vous seront jamais restitués; vos moutons et vos chèvres tomberont entre les mains de vos ennemis et personne ne viendra à votre secours. »
Deutéronome 28:31

CHAPITRE 10

CHAPITRE 10 :
LA MALÉDICTION DU PILLAGE

« Vos bœufs seront abattus sous vos yeux, et vous n'en mangerez pas la viande. Vos ânes seront volés devant vous et ne vous seront jamais restitués; vos moutons et vos chèvres tomberont entre les mains de vos ennemis et personne ne viendra à votre secours. »
Deutéronome 28:31

La malédiction du pillage est une réalité spirituelle qui se manifeste par le vol de ce qui revient de droit à une personne. Selon Deutéronome 28:31, cette malédiction permet à l'ennemi de s'emparer de ce qui appartient légitimement : " Vos bœufs seront abattus sous vos yeux, et vous n'en mangerez pas la viande. Vos ânes seront volés devant vous et ne vous seront jamais restitués; vos moutons et vos chèvres tomberont entre les mains de vos ennemis et personne ne viendra à votre secours." Il n'y a rien de plus frustrant que de se faire voler quelque chose de précieux, qu'il s'agisse de biens matériels, de finances, de relations ou d'opportunités.

LES SYMPTÔMES DE LA MALÉDICTION DU PILLAGE

Vol de Biens Matériels
Les individus touchés par cette malédiction peuvent constater que leurs biens matériels sont régulièrement volés ou détruits. Cela peut inclure des objets personnels, des véhicules, des équipements de travail, etc. Le vol peut se produire de manière récurrente, créant un sentiment de frustration et de vulnérabilité.

Perte de Finances
La malédiction du pillage peut également se manifester par des pertes financières inexplicables. Les revenus peuvent être détournés, des investissements échouer sans raison apparente, ou des dépenses imprévues

surgir constamment, épuisant les ressources financières.

Relations et Opportunités Volées
Les relations et les opportunités qui devraient naturellement apporter des bénédictions et des avantages peuvent être sabordées. Les alliances stratégiques, les promotions professionnelles ou les opportunités de croissance personnelle peuvent être détournées ou bloquées par des forces invisibles.

Sentiment de Défaitisme et de Désespoir
Les personnes sous cette malédiction peuvent ressentir un sentiment de défaitisme et de désespoir face à la répétition des pertes. Elles peuvent se sentir impuissantes à protéger ce qui leur appartient légitimement et à récupérer ce qui a été volé.

L'HISTOIRE DE JEAN
Jean est un entrepreneur qui a lancé plusieurs entreprises prometteuses. Cependant, à

chaque fois qu'il commence à voir des résultats positifs, des partenaires malhonnêtes détournent des fonds ou des clients lui sont volés par la concurrence. Malgré ses efforts acharnés, il constate que ses revenus sont régulièrement siphonnés.

LE CAS DE MARIE

Marie est une mère célibataire qui travaille dur pour subvenir aux besoins de ses enfants. Chaque fois qu'elle économise de l'argent pour un projet important, comme les études de ses enfants ou des réparations domestiques, des dépenses imprévues surviennent, épuisant ses économies. Elle se sent constamment démunie.

L'EXPÉRIENCE DE SOPHIE

Sophie est une jeune professionnelle talentueuse qui a été considérée pour plusieurs promotions. Cependant, chaque fois qu'une opportunité de promotion se présente, quelqu'un d'autre obtient le poste. Elle se sent volée de ses chances de progression malgré ses qualifications et ses efforts.

L'ORIGINE SPIRITUELLE DE LA MALÉDICTION

La malédiction du pillage peut avoir des racines spirituelles profondes. Elle peut résulter de péchés commis par les ancêtres, de désobéissances à Dieu, ou de pactes spirituels négatifs. Voici quelques causes possibles :

Péchés Non Repentis
Les péchés commis par les ancêtres, tels que l'idolâtrie ou l'injustice, peuvent ouvrir des portes aux malédictions du pillage. Sans repentance, ces péchés continuent d'affecter les générations suivantes.

Pactes et Alliances Négatives
Des engagements pris en dehors de la volonté de Dieu, comme des alliances avec des forces occultes, peuvent inviter des malédictions de

pillage. Ces pactes doivent être identifiés et rompus pour libérer la lignée familiale de leurs effets.

Influences Spirituelles Négatives
Les influences spirituelles négatives, telles que les esprits de vol et de sabotage, peuvent attaquer les individus, créant des cycles de perte et de frustration. Ces forces doivent être identifiées et combattues par la prière et les décrets spirituels.

BRISER LA MALÉDICTION DU PILLAGE

Pour renverser cette situation, il est essentiel de s'occuper de la malédiction qui permet au pillage de se produire. Voici quelques étapes pour briser la malédiction du pillage :

RECONNAISSANCE ET REPENTANCE
Reconnaître l'existence de la malédiction et se repentir des péchés et des alliances spirituelles négatives qui ont permis son

installation. La repentance sincère est la première étape pour briser la malédiction.

Prière : Seigneur, je reconnais l'existence de la malédiction du pillage dans ma vie et dans ma famille. Je me repens des péchés de mes ancêtres et de mes propres péchés. Purifie-nous par Ton sang précieux et libère-nous de cette malédiction. Amen.

1 Jean 1:9 : *"Si nous confessons nos péchés, il est fidèle et juste pour nous les pardonner, et pour nous purifier de toute iniquité."*

DÉCLARATION DE RESTAURATION ET DE PROTECTION

Proclamer des paroles de restauration et de protection pour remplacer les pensées de vol et de perte. Utiliser des versets bibliques pour affirmer la restauration et la protection divine.

Décret : Au nom de Jésus, je déclare que je suis libéré de la malédiction du pillage. Je choisis de faire confiance à Dieu et de croire en Ses promesses de restauration. Je suis protégé et restauré dans tout ce qui m'appartient légitimement. Amen.

Joël 2:25 : *"Je vous remplacerai les années qu'ont dévorées la sauterelle, le grillon, le criquet et la chenille, ma grande armée que j'avais envoyée contre vous."*

RENOUVELLEMENT DE L'ESPRIT ET DE LA PENSÉE

S'engager à renouveler son esprit et ses pensées par la méditation quotidienne de la Parole de Dieu. Remplacer les pensées de perte par des pensées de protection et de restauration basées sur les Écritures.

Prière : Seigneur, renouvelle mon esprit et ma pensée par Ta Parole. Aide-moi à méditer sur Tes promesses de protection et de restauration. Amen.

Romains 12:2 : *"Ne vous conformez pas au siècle présent, mais soyez transformés par le* *renouvellement de l'intelligence, afin que vous discerniez quelle est la volonté de Dieu, ce qui est bon, agréable et parfait."*

BÉNÉDICTION DE LA PROTECTION ET DE LA RESTAURATION

Prier pour la bénédiction de Dieu sur la protection et la restauration, demandant sa protection et sa faveur pour chaque aspect de la vie. Déclarer la protection divine et la restauration de tout ce qui a été volé.

Prière : Seigneur, je prie pour Ta bénédiction sur ma protection et ma restauration. Protège chaque aspect de ma vie et accorde-moi Ta restauration divine. Je déclare la protection divine et la restauration de tout ce qui m'appartient légitimement au nom de Jésus. Amen.

Ésaïe 61:7 : *"Au lieu de votre honte, vous aurez une double portion; au lieu de l'ignominie, ils se réjouiront de leur part; ainsi* *posséderont-ils le double dans leur pays, et ils auront une joie éternelle."*

COMMENT ANNULER LA MALÉDICTION DE L'ABAISSEMENT

« Les immigrés qui vivront parmi vous parviendront de plus en plus à une position au-dessus de la vôtre, tandis que vous déclinerez de plus en plus. Ce sont eux qui vous prêteront, alors que vous, vous n'aurez plus rien à leur prêter; ils seront au premier rang, et vous au dernier. »
Deutéronome 28:43-44

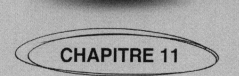

CHAPITRE 11

CHAPITRE 11 : LA MALÉDICTION DE L'ABAISSEMENT

« Les immigrés qui vivront parmi vous parviendront de plus en plus à une position au-dessus de la vôtre, tandis que vous déclinerez de plus en plus. Ce sont eux qui vous prêteront, alors que vous, vous n'aurez plus rien à leur prêter; ils seront au premier rang, et vous au dernier. »
Deutéronome 28:43-44

La malédiction de l'abaissement se manifeste par des échecs récurrents à obtenir des promotions ou des avancées significatives dans divers domaines de la vie, qu'il s'agisse des affaires, du gouvernement, de l'église ou d'autres secteurs. Deutéronome 28:43-44 décrit cette situation : "Les immigrés qui vivront parmi vous parviendront de plus en plus à une position au-dessus de la vôtre, tandis que vous déclinerez de plus en plus. Ce sont eux qui vous prêteront, alors que vous, vous n'aurez plus rien à leur prêter; ils seront au premier rang, et vous au dernier." Cette malédiction permet à l'ennemi d'empêcher le peuple de Dieu d'accéder à des postes importants et influents.

LES SYMPTÔMES DE LA MALÉDICTION DE L'ABAISSEMENT

Échecs Répétés à Obtenir des Promotions

Les individus touchés par cette malédiction échouent constamment à obtenir des promotions ou des avancées dans leur carrière, malgré leurs compétences et leurs efforts. D'autres, moins qualifiés, sont souvent promus à leur place, ce qui crée frustration et découragement.

Manque de Reconnaissance

Les efforts et les réalisations des personnes sous cette malédiction sont souvent ignorés ou sous-estimés. Malgré leur dévouement et leur travail acharné, elles ne reçoivent pas la reconnaissance qu'elles méritent.

Déséquilibre Entre Compétences et Récompenses

Il y a un décalage flagrant entre les compétences et les contributions des individus et les récompenses qu'ils reçoivent. Les promotions, les augmentations de salaire et les autres formes de reconnaissance sont accordées de manière disproportionnée à ceux qui ne les méritent pas.

Frustration et Sentiment d'Injustice

Les personnes touchées par cette malédiction ressentent une profonde frustration et un sentiment d'injustice. Elles voient leurs pairs avancer alors qu'elles restent bloquées, malgré leurs efforts et leur compétence.

L'HISTOIRE DE JEAN

Jean est un employé dévoué et compétent dans une grande entreprise. Malgré ses années de service et ses excellentes évaluations de performance, il est constamment ignoré pour les promotions. Ses collègues moins performants sont promus à des postes supérieurs, ce qui le laisse frustré et découragé.

LE CAS DE MARIE

Marie est une infirmière qui travaille dans un hôpital depuis des années. Elle a suivi plusieurs formations pour améliorer ses compétences, mais à chaque fois qu'une opportunité de promotion se présente, elle est attribuée à quelqu'un d'autre. Marie se sent dévalorisée et se demande si elle finira un jour par être reconnue pour son travail.

L'EXPÉRIENCE DE DAVID

David est un membre actif de sa congrégation religieuse. Il est fidèle et impliqué dans diverses activités, mais lorsqu'il s'agit de choisir des leaders pour des responsabilités plus importantes, il est toujours ignoré. Des membres moins engagés sont choisis à sa place, ce qui le fait se sentir négligé et injustement traité.

L'ORIGINE SPIRITUELLE DE LA MALÉDICTION

La malédiction de l'abaissement peut avoir des racines spirituelles profondes. Elle peut résulter de péchés commis par les ancêtres, de désobéissances à Dieu, ou de pactes spirituels négatifs. Voici quelques causes possibles :

Péchés Non Repentis

Les péchés commis par les ancêtres, tels que l'injustice ou l'orgueil, peuvent ouvrir des portes aux malédictions de l'abaissement. Sans repentance, ces péchés continuent d'affecter les générations suivantes.

Pactes et Alliances Négatives

Des engagements pris en dehors de la volonté de Dieu, comme des alliances avec des forces occultes, peuvent inviter des malédictions de l'abaissement. Ces pactes doivent être identifiés et rompus pour libérer la lignée familiale de leurs effets.

Influences Spirituelles Négatives
Les influences spirituelles négatives, telles que les esprits de jalousie et de sabotage, peuvent attaquer les individus, créant des cycles de frustration et d'échec. Ces forces doivent être identifiées et combattues par la prière et les décrets spirituels.

<u>BRISER LA MALÉDICTION DE L'ABAISSEMENT</u>

Pour renverser cette situation, il est essentiel de s'occuper de la malédiction qui empêche les promotions et les avancées significatives. Voici quelques étapes pour briser la malédiction de l'abaissement :

RECONNAISSANCE ET REPENTANCE
Reconnaître l'existence de la malédiction et se repentir des péchés et des alliances

spirituelles négatives qui ont permis son installation. La repentance sincère est la première étape pour briser la malédiction.

Prière : Seigneur, je reconnais l'existence de la malédiction de l'abaissement dans ma vie et dans ma famille. Je me repens des péchés de mes ancêtres et de mes propres péchés. Purifie-nous par Ton sang précieux et libère-nous de cette malédiction. Amen.

1 Jean 1:9 : *"Si nous confessons nos péchés, il est fidèle et juste pour nous les pardonner, et pour nous purifier de toute iniquité."*

DÉCLARATION DE PROMOTION ET D'ÉLÉVATION

Proclamer des paroles de promotion et d'élévation pour remplacer les pensées de frustration et d'échec. Utiliser des versets bibliques pour affirmer la promotion et l'élévation divine.

Décret : Au nom de Jésus, je déclare que je suis libéré de la malédiction de l'abaissement. Je choisis de faire confiance à Dieu et de croire en Ses promesses de promotion. Je suis élevé et promu dans tout ce que j'entreprends. Amen.

Psaumes 75:6-7 : *"Car ce n'est ni de l'orient, ni de l'occident, ni du désert, que vient l'élévation. Mais Dieu est celui qui juge : il abaisse l'un, et il élève l'autre."*

RENOUVELLEMENT DE L'ESPRIT ET DE LA PENSÉE

S'engager à renouveler son esprit et ses pensées par la méditation quotidienne de la Parole de Dieu. Remplacer les pensées de défaite par des pensées de victoire et d'élévation basées sur les Écritures.

Prière : Seigneur, renouvelle mon esprit et ma pensée par Ta Parole. Aide-moi à méditer sur Tes promesses de promotion et d'élévation. Amen.

Romains 12:2 : *"Ne vous conformez pas au siècle présent, mais soyez transformés par le renouvellement de l'intelligence, afin que vous discerniez quelle est la volonté de Dieu, ce qui est bon, agréable et parfait."*

BÉNÉDICTION DE LA PROMOTION ET DE L'ÉLÉVATION

Prier pour la bénédiction de Dieu sur la promotion et l'élévation, demandant sa protection et sa faveur pour chaque aspect de la vie. Déclarer la promotion divine et l'élévation dans tout ce qui est entrepris.

Prière : Seigneur, je prie pour Ta bénédiction sur ma promotion et mon élévation. Protège chaque aspect de ma vie et accorde-moi Ta promotion divine. Je déclare la promotion divine et l'élévation dans tout ce que j'entreprends au nom de Jésus. Amen.

Ésaïe 60:1 : *"Lève-toi, brille, car ta lumière arrive, et la gloire de l'Éternel se lève sur toi."*

COMMENT ANNULER LA MALÉDICTION DES PRIÈRES NON EXAUCÉES

« Le ciel au-dessus de vos têtes sera aussi dur que du bronze, et la terre sous vos pieds sera comme du fer. »
Deutéronome 28:23

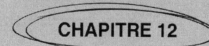

CHAPITRE 12

CHAPITRE 12 : LA MALÉDICTION DES PRIÈRES NON EXAUCÉES

« Le ciel au-dessus de vos têtes sera aussi dur que du bronze, et la terre sous vos pieds sera comme du fer. »
Deutéronome 28:23

La malédiction des prières non exaucées est une condition spirituelle dans laquelle les prières adressées à Dieu semblent rester sans réponse. Cela peut être extrêmement décourageant pour les croyants qui ont confiance en la promesse divine selon laquelle Dieu exauce les prières de Ses enfants. Deutéronome 28:23 décrit cette situation : " Le ciel au-dessus de vos têtes sera aussi dur que du bronze, et la terre sous vos pieds sera comme du fer." Cette malédiction peut empêcher les prières d'atteindre le ciel et de produire les résultats escomptés.

LES SYMPTÔMES DE LA MALÉDICTION DES PRIÈRES NON EXAUCÉES

Absence de Réponses aux Prières
Les individus touchés par cette malédiction constatent que leurs prières restent sans réponse pendant de longues périodes, malgré leur persévérance et leur foi. Ils peuvent prier pour des besoins légitimes, tels que la guérison, la provision financière, ou la réconciliation familiale, mais ne voient aucun changement.

Sentiment d'Impuissance Spirituelle
Les personnes sous cette malédiction peuvent ressentir une impuissance spirituelle, se demandant pourquoi leurs prières semblent inefficaces. Cela peut mener à des doutes concernant leur relation avec Dieu et leur propre valeur spirituelle.

Frustration et Découragement

L'absence de réponses aux prières peut créer une profonde frustration et un découragement. Les croyants peuvent se sentir abandonnés par Dieu, se demandant pourquoi leurs supplications ne sont pas entendues.

Stagnation Spirituelle
Les prières non exaucées peuvent conduire à une stagnation dans la vie spirituelle. Les croyants peuvent perdre leur motivation à prier, à jeûner ou à participer activement aux activités spirituelles, se sentant déconnectés de Dieu.

L'HISTOIRE DE JEAN

Jean est un père de famille qui prie depuis des années pour la guérison de sa fille gravement malade. Malgré ses prières ferventes et les nombreuses intercessions de sa communauté, la santé de sa fille ne s'améliore pas. Jean ressent une profonde tristesse et se demande pourquoi Dieu ne répond pas à ses prières.

LE CAS DE MARIE

Marie est une jeune femme qui prie régulièrement pour trouver un emploi stable. Malgré ses qualifications et ses efforts, elle continue de recevoir des refus. Elle se sent découragée et commence à douter de l'efficacité de ses prières.

L'EXPÉRIENCE DE DAVID

David est un homme qui prie pour la réconciliation avec son frère après une dispute familiale. Malgré ses prières persistantes, leur relation reste tendue. David se sent impuissant et se demande ce qu'il fait de mal.

L'ORIGINE SPIRITUELLE DE LA MALÉDICTION

La malédiction des prières non exaucées peut avoir des racines spirituelles profondes. Elle peut résulter de péchés commis par les ancêtres, de désobéissances à Dieu, ou de pactes spirituels négatifs. Voici quelques causes possibles :

Péchés Non Repentis

Les péchés commis par les ancêtres, tels que l'idolâtrie ou l'injustice, peuvent ouvrir des portes aux malédictions des prières non exaucées. Sans repentance, ces péchés continuent d'affecter les générations suivantes.

Pactes et Alliances Négatives

Des engagements pris en dehors de la volonté de Dieu, comme des alliances avec des forces occultes, peuvent inviter des malédictions de prières non exaucées. Ces pactes doivent être identifiés et rompus pour libérer la lignée familiale de leurs effets.

Influences Spirituelles Négatives

Les influences spirituelles négatives, telles que les esprits de blocage et de confusion, peuvent attaquer les individus, créant des obstacles spirituels qui empêchent les prières d'atteindre Dieu. Ces forces doivent être identifiées et combattues par la prière et les décrets spirituels.

BRISER LA MALÉDICTION DES PRIÈRES NON EXAUCÉES

Pour renverser cette situation, il est essentiel de s'occuper de la malédiction qui empêche les prières d'être exaucées. Voici quelques étapes pour briser la malédiction des prières non exaucées :

RECONNAISSANCE ET REPENTANCE

Reconnaître l'existence de la malédiction et se repentir des péchés et des alliances spirituelles négatives qui ont permis son installation. La repentance sincère est la première étape pour briser la malédiction.

Prière : Seigneur, je reconnais l'existence de la malédiction des prières non exaucées dans ma vie et dans ma famille. Je me repens des péchés de mes ancêtres et de mes propres péchés. Purifie-nous par Ton sang précieux et libère-nous de cette malédiction. Amen.

1 Jean 1:9 : *"Si nous confessons nos péchés, il est fidèle et juste pour nous les pardonner, et pour nous purifier de toute iniquité."*

DÉCLARATION DE RÉPONSE DIVINE

Proclamer des paroles de réponse divine pour remplacer les pensées de frustration et de doute. Utiliser des versets bibliques pour affirmer la promesse de Dieu d'exaucer les prières.

Décret : Au nom de Jésus, je déclare que je suis libéré de la malédiction des prières non exaucées. Je choisis de faire confiance à Dieu et de croire en Ses promesses de réponse. Mes prières sont entendues et exaucées par mon Père céleste. Amen.

Ésaïe 49:8 : *"Ainsi parle l'Éternel: Au temps de la grâce je t'exaucerai, Et au jour du salut je te secourrai; Je te garderai, et je t'établirai pour* *traiter alliance avec le peuple, Pour relever le pays, Et pour distribuer les héritages désolés."*

RENOUVELLEMENT DE L'ESPRIT ET DE LA PENSÉE

S'engager à renouveler son esprit et ses pensées par la méditation quotidienne de la Parole de Dieu. Remplacer les pensées de doute par des pensées de foi et de confiance basées sur les Écritures.

Prière : Seigneur, renouvelle mon esprit et ma pensée par Ta Parole. Aide-moi à méditer sur Tes promesses de réponse et d'exaucement. Amen.

Romains 12:2 : *"Ne vous conformez pas au siècle présent, mais soyez transformés par le renouvellement de l'intelligence, afin que vous discerniez quelle est la volonté de Dieu, ce qui est bon, agréable et parfait."*

BÉNÉDICTION DE LA RÉPONSE DIVINE ET DE L'EXAUCEMENT

Prier pour la bénédiction de Dieu sur les prières et l'exaucement, demandant sa protection et sa faveur pour chaque aspect de la vie de prière. Déclarer la réponse divine et l'exaucement de toutes les prières légitimes.

Prière : Seigneur, je prie pour Ta bénédiction sur mes prières et leur exaucement. Protège chaque aspect de ma vie de prière et accorde-moi Ta réponse divine. Je déclare la réponse divine et l'exaucement de toutes mes prières légitimes au nom de Jésus. Amen.

Osée 2:21 : *"En ce jour-là, j'exaucerai, dit l'Éternel, j'exaucerai les cieux, et ils exauceront la terre."*

JÉSUS
JE TE DONNE MA VIE

Seigneur tu as dit dans ta parole que « Quiconque invoquera le nom du Seigneur sera sauvé » (Actes 2:21).

Je te prie en ce jour Jésus et te demande de venir habiter dans mon coeur en devenant le sauveur et le Seigneur de ma vie !

Je te confesse de ma bouche Seigneur Jésus et je crois dans mon coeur que Dieu t'a ressuscité, que tu m'as sauvé. (Romains 10:9)

Donne moi je te prie ton Saint-Esprit et son langage ! Donne moi encore je te prie une église où je pourrai croître dans la parole et la communion fraternelle !

Merci Seigneur pour ma nouvelle naissance ! Aujourd'hui je peux dire que je fais partie de la grande famille de tes enfants. Amen

Partage-moi ton histoire et tes sujets de prière à cette adresse : pasteurjosebro@gmail.com

Made in the USA
Columbia, SC
16 February 2025